JOURNÉE

DU 6 AOUT 1870

PAR UN LORRAIN

FRŒSCHWILLER — FORBACH

PARIS

DENTU & Cie, ÉDITEURS

LIBRAIRES DE LA SOCIÉTÉ DES GENS DE LETTRES

PALAIS-ROYAL, 15-17-19, GALERIE D'ORLÉANS, ET 3, PLACE VALOIS

1887

LA

OURNÉE DU 6 AOUT 1870

PAR UN LORRAIN

FRŒSCHWILLER — FORBACH

PARIS

DENTU ET Cⁱᵉ, ÉDITEURS

LIBRAIRES DE LA SOCIÉTÉ DES GENS DE LETTRES

PALAIS-ROYAL, 15-17-19, GALERIE D'ORLÉANS
ET 3, PLACE VALOIS

—

1887

LA

JOURNÉE DU 6 AOUT 1870

PAR UN LORRAIN

FRŒSCHWILLER — FORBACH

La journée du 6 août 1870 fut particulièrement
funeste à nos armes. Prélude sinistre de nos désas-
tres, elle détermina par son effet moral, autant que
par ses effets matériels, cette débâcle continue des
armées qui ne devait s'arrêter qu'avec la guerre
elle-même.

Les deux batailles qui signalèrent cette date né-
faste auraient pu tourner à notre avantage, si nous
avions su agir avec décision et énergie, et profiter
du sourire de faveur que la Fortune eut pour nous,
à cette heure d'aurore; car à partir de ce premier
malentendu entre elle et nous, la capricieuse déesse
nous tourna le dos sans miséricorde.

Quelque amertume qu'il y ait à remuer encore une
fois de si poignants souvenirs, en repassant au crible

de la critique les opérations du début de la campagne, il nous a semblé qu'il y aurait quelque chose de consolant et de réconfortant à nous démontrer que nous eussions *pu* vaincre nos redoutables adversaires, en dépit de notre infériorité numérique, et à nous persuader que, le cas échéant, nous ne ferions plus les mêmes fautes.

I

La bataille de Frœschwiller cut lieu dans cette partie de la basse Alsace que l'on peut appeler la région des collines, zone intermédiaire entre la montagne et la plaine, limitée au sud par la grande forêt de Haguenau, au nord par le massif septentrional des Vosges, lequel, déviant de l'orientation de la chaîne principale, court vers l'est, et enserre comme d'une muraille le nord de l'Alsace. Ce massif montagneux, dont la plus haute cime atteint 577 mètres, près de Niederbronn, aboutit à Wissembourg, laissant entre cette ville et le Rhin une trouée plane, large de 20 kilomètres, seule ouverture par où l'ennemi pouvait pénétrer en Alsace sans passer le Rhin.

Dans les guerres des temps passés, cette ouverture, barrée par le cours d'une petite rivière, la Lauter, et munie de retranchements, était connue sous le nom de « Lignes de Wissembourg ». Elle est flanquée aux deux extrémités par deux anciennes places fortes, Wissembourg, située au pied des montagnes, et Lauterbourg, près du Rhin.

Au moment de la guerre, ces petites forteresses étaient déclassées et négligées depuis longtemps. Dans notre incompétence, nous n'apprécierons pas l'importance stratégique à laquelle elles auraient pu prétendre dans cette occurrence. Mais on devait s'attendre à ce que l'ennemi, dont l'aile gauche se concentrait autour de Landau, chercherait à forcer cette entrée.

En effet, le 4 août, vers 8 heures du matin, la troisième armée allemande, sous les ordres du prince royal de Prusse, surprenait à Wissembourg la division Douay, qui venait d'y arriver la veille seulement, et qui y fut écharpée en résistant glorieusement à un agresseur vingt fois supérieur en nombre et en lui infligeant des pertes sensibles.

La division Douay, décimée et privée de son chef, tué pendant le combat, réussit néanmoins, conduite par le général Pellé, à se soustraire à la poursuite de l'ennemi en opérant sa retraite par la route de Bitche, à travers les montagnes, et à rejoindre, le lendemain, le gros de l'armée de Mac-Mahon aux environs de Frœschwiller.

Les forces de l'armée du prince royal de Prusse, dite troisième armée allemande, qui déjà foulait le sol français, se composaient de deux corps d'armée prussiens, les 5e et 11e, des contingents du sud, savoir : les deux corps bavarois et les divisions badoise et wurtembergeoise, et d'une très nombreuse cavalerie.

En outre, le 6e corps prussien, qui était encore en

arrière, était destiné à renforcer la troisième armée et à lui servir de soutien et de réserve. Dès le 6 aout, ce corps, massé à Landau, se mettait en marche sur Bitche.

Sur ces entrefaites, le maréchal de Mac-Mahon, après avoir rapidement concentré son armée au nord de Haguenau, avait fait choix, pour y attendre les Allemands de pied ferme, de la position de Frœschwiller, où il arrivait en personne avec son 1er corps, dès le 4 août, au soir. La disposition de ses forces sur ce point avait le grand avantage de couvrir le chemin de fer de Haguenau à Sarreguemines, par lequel le maréchal communiquait avec la Lorraine, et avec le 5e corps, dont il attendait le concours.

En effet, le 5 août, un ordre du quartier impérial l'investit du commandement supérieur de trois corps d'armée : le sien propre, c'est-à-dire le 1er; le 5e qui, commandé par le général de Failly, était alors disloqué, partie à Bitche, partie à Sarreguemines, et le 7e encore en formation entre Mulhouse et Belfort, et dont une seule division fut en état de le rallier.

Le matin de la bataille, 6 août, le maréchal n'avait encore sous sa main, outre les quatre divisions de son 1er corps, dont l'une avait été si rudement éprouvée à Wissembourg, et dont une autre avait laissé un régiment à Strasbourg, que la division Conseil-Duménil du 7e corps, qui venait de le rallier, amenée de Mulhouse par le chemin de fer, et dix régiments de cavalerie.

Le 5ᵉ corps n'ayant pas fait sa jonction **en temps**
opportun, le maréchal ne pouvait opposer que 62 bataillons, 44 escadrons, 113 canons et 35 mitrailleuses
aux 128 bataillons, 102 escadrons et 480 bouches à
feu du prince royal de Prusse. — Vu la faiblesse
relative de nos effectifs, cela ne faisait que 45.000
Français contre 145.000 Allemands.

La position de Frœschwiller est figurée par un
plateau mamelonné, qui s'étend en longueur du nord
au sud, entre la vallée de la Sauer, à l'est, et celle
de Niederbronn, à l'ouest. Ce plateau s'adosse, au
nord, au massif montagneux et forestier des Vosges,
que nous avons caractérisé plus haut, et va s'abaissant insensiblement dans la direction du midi. Il est
en grande partie couvert et entouré de bois, et ouvert
seulement sur le front qui faisait face à l'ennemi. Le
point culminant est occupé par le village massif de
Frœschwiller, qui constituait ainsi le réduit et la
clef de la position, sans en être le point central; car
l'aile droite des Français avait une extension et une
importance plus grandes que la gauche, en raison
même du terrain, qui s'allonge en s'abaissant dans
cette direction. A gauche de Frœschwiller, le plateau
descend, à l'est, vers la vallée du Sauerbach, et se
relie, au nord, derrière le village de Nehwiller, aux
montagnes et aux forêts. A droite de Frœschwiller,
en allant du nord au midi, notre position s'appuyait
sur le village d'Elsasshausen, puis sur le bois du
Niederwald, et, à l'extrême droite, sur la ferme d'Albrechtshausen. Le plateau de Frœschwiller s'élève à

une altitude moyenne de 60 mètres au-dessus du lit du Sauerbach, et domine d'environ 20 mètres, tantôt plus, tantôt moins, le plateau opposé, que devait occuper l'armée allemande. La Sauer ou le Sauerbach, petite rivière encaissée et peu guéable, coulant entre les deux chaînes de collines, traçait nettement la ligne de démarcation qui séparait les deux adversaires ; et la petite ville de Wœrth-sur-la-Sauer se trouvait, par sa situation, au milieu de la vallée, au centre même de l'action, entre les feux croisés des deux armées. Si cette bourgade a échappé à une destruction complète, c'est que les coups échangés de part et d'autre passaient par-dessus ses toits, et que, dominée comme elle l'était, elle ne pouvait offrir aucun abri aux troupes qui auraient eu l'idée de s'y loger.

Le versant oriental, celui que les Allemands avaient à descendre pour attaquer les Français, s'abaisse en pente douce, et, par la nature de ses cultures basses, ne procurait que peu de couvert à l'agresseur.

Au contraire, le versant occidental, occupé par les forces du maréchal, d'une pente généralement plus accentuée, est coupé par des ravins et des chemins creux ; et les vignobles, les houblonnières, les vergers clos de murs et de haies qui le couvraient, facilitaient sa défense.

Le maréchal de Mac-Mahon distribua ses forces de la manière suivante. A l'extrême droite, les abords de la ferme d'Albrechtshausen étaient tenus par la

4e division du 1er corps, ayant derrière elle la division Conseil-Duménil et la brigade de cavalerie Michel. Plus à gauche et un peu en arrière, la 2e division gardait le bois de Niederwald. Au centre, la 3e division couvrait les villages d'Elsasshausen et de Frœschwiller, ayant, massée derrière elle, la réserve de cavalerie. La 1re division (Ducrot) formant l'aile gauche, s'appuyait sur un bois, et faisait face à la fois à l'est et au nord, de manière à surveiller, dans cette dernière direction, les débouchés de la montagne.

Telle était, succinctement, la disposition de notre front de bataille, très solidement assis.

Il est probable que, dans ces conditions, le maréchal aurait repoussé victorieusement l'agression ennemie, n'eût été l'infériorité de son artillerie, et, par-dessus tout, l'excessive disproportion de ses forces en général.

Aussi le maréchal eût-il dû être plus soucieux de s'assurer la coopération de toutes les forces qui étaient à portée de le rallier, et dont il avait le droit de réclamer le concours. La bataille s'engagea vers six heures du matin, par une reconnaissance offensive, sur Wœrth, de l'avant-garde du 5e corps prussien, à l'encontre des intentions du quartier général allemand, qui voulait donner un jour de repos à ses troupes fatiguées, et qu'une nuit de bivouac pluvieuse avait achevé de harasser.

Ici, comme à Spicheren, l'ardeur mal réfrenée des généraux d'avant-garde prussiens commença le combat avant que l'ordre en eût été donné. Cette audace irréfléchie aurait dû leur coûter cher plus d'une fois dans le cours de cette malheureuse campagne, si les différents corps de l'armée française avaient pu se joindre en temps utile et se prêter une mutuelle assistance.

Il n'entre pas dans le plan borné de cette étude de raconter les différentes péripéties de la bataille de Frœschwiller. La lutte, entamée de bonne heure, ne se développa dans toute sa gravité qu'à midi, après l'arrivée du prince royal. L'ennemi braqua contre notre armée, sur toute la ligne des hauteurs d'en face, une file ininterrompue de batteries, dont le feu formidable éteignit peu à peu notre canonnade moins efficace ; en même temps, son infanterie franchissait la vallée et la rivière, et par une série d'attaques multipliées et opiniâtres, parvenait, quoique souvent repoussée, à gagner insensiblement du terrain, et à y prendre pied, en se cramponnant aux accidents du sol.

Tandis que le 5° corps prussien luttait péniblement, au centre, dans son attaque frontale et cherchait à gravir la route qui, de Wœrth, monte à Frœschwiller, le 11° corps s'efforçait de refouler notre aile droite et de la déborder, soutenu par ses formidables batteries établies sur le plateau de Gunstett. Dès qu'elle put, une partie de cette artillerie franchit à son tour la vallée, et, s'avançant jusque dans la fusillade, vint prêter un concours puissant à l'infanterie engagée dans la mêlée.

Sur notre gauche, les Bavarois nous combattaient sans succès.

Vers trois heures, eurent lieu les héroïques charges de la cavalerie française qui tenta, mais en vain, de dégager notre aile droite de l'étreinte ennemie. C'est alors, à quatre heures et demie, que par un effort suprême et simultané, les colonnes prussiennes, renforcées de troupes fraîches wurtembergeoises et bavaroises, emportèrent le village de Frœschwiller.

La perte de ce village consomma notre défaite, qui fut d'autant plus complète que, dans leur bravoure et leur ténacité, nos soldats avaient tenu jusqu'au dernier moment, et que, dans l'espoir d'un revirement possible, toutes les réserves avaient été engagées. Que fût-il advenu, si, à midi, si, à deux heures, si même encore, à quatre heures du soir, le général de Failly, débouchant des défilés des Vosges par Niederbronn et Jagerthal, avec ses trois divisions fraîches, avait fait irruption sur le flanc droit de nos agresseurs? Il est permis d'admettre qu'il l'aurait mis en déroute, et que la déroute de son aile droite aurait entraîné celle de la troisième armée allemande tout entière.

Pourquoi le concours du 5ᵉ corps, placé, depuis la veille, sous son commandement immédiat et à portée de recevoir tous ses ordres par le télégraphe, a-t-il fait défaut au maréchal de Mac-Mahon à l'heure décisive de la bataille de Frœschwiller?

C'est dans la réponse à faire à cette question

qu'il faut chercher l'intérêt de cette étude, si elle en a un.

Le 5° corps d'armée s'était formé et concentré autour de la place de Bitche, pendant la troisième semaine de juillet. Il était composé des beaux régiments de l'armée de Lyon. Fort de trois divisions d'infanterie et d'une division de cavalerie, il comptait 39 bataillons, 16 escadrons, 72 canons, 18 mitrailleuses et 4 compagnies du génie.

Le dimanche, 24 juillet, le quartier général du corps fut transporté de Bitche à Sarreguemines, où il arriva après midi, par une forte chaleur, avec deux divisions, derrière lesquelles on remarquait une longue queue de traînards. La 3° division du corps demeurait à Bitche.

Ces corps établirent leurs campements autour de la ville, à proximité de la frontière, dont elles n'étaient séparées que par le cours de la Sarre et de la Blies.

On se mit, faute de mieux, à surveiller les coureurs ennemis, petits partis de cavalerie qui, des confins du Palatinat, faisaient des incursions sur notre territoire, et s'efforçaient surtout de gêner et d'interrompre nos communications avec l'Alsace par des entreprises nocturnes contre la voie ferrée et la ligne télégraphique.

Le 2 août, jour de l'affaire de Sarrebruck, le 5° corps poussa une reconnaissance sur le territoire prussien, dans la direction de cette ville, et rentra le soir dans ses campements n'ayant fait qu'une œuvre vaine et sans avoir brûlé une amorce.

Douze jours déjà s'étaient écoulés dans cette inaction lorsque, le 4 août au soir, on fut informé de l'échec de Wissembourg. L'alarme fut aussitôt donnée dans les camps, en conséquence d'une dépêche du quartier impérial enjoignant au général de Failly de soutenir avec ses deux divisions celle qu'il avait à Bitche.

Il était 5 heures du soir. Le temps était beau. Les troupes, occupées à préparer leur repas, prirent les armes sur-le-champ avec ordre et promptitude. On alla même plus loin, on fit renverser les marmites, sans laisser aux soldats le temps de manger.

Assurément cette grande diligence, commandée par la circonstance, n'avait rien que de louable, mais pourquoi a-t-elle défailli si promptement ?

Le général de Failly a publié, durant sa captivité en 1871, un mémoire justificatif (1) qu'à partir de ce point nous prenons pour guide de nos commentaires.

Il nous apprend qu'en quittant Sarreguemines sa 1ʳᵉ division fut dirigée sur la ferme de Wising, à 6 kilomètres à peine du campement qu'elle venait d'évacuer avec tant de précipitation, tandis qu'une marche de nuit eût pu la transporter aux portes de Bitche pour le lendemain matin, veille de la bataille.

C'est le lendemain 5, pendant cette marche sur Bitche que le maréchal de Mac-Mahon fait connaître

---

1. *Opérations et marches du 5ᵉ corps, jusqu'au 31 août*. Bruxelles, Chègne et Cⁱᵉ.

au général de Failly que, par ordre de l'empereur, le 5ᵉ corps passe sous son commandement et l'invite à le rejoindre *le plus tôt possible*. Le général ne dit pas à quelle heure cette communication lui est parvenue.

On avait le chemin de fer et la grande route pour atteindre, sans perte de temps, Bitche, ce terme de la première étape. La route de Sarreguemines, côtoyée par la voie ferrée, serpente sur un haut plateau découvert et peu accessible latéralement. Il n'y avait pas de surprise à redouter, et les troupes, inactives depuis douze jours, pouvaient sans inconvénient fournir une marche forcée que réclamaient impérieusement les conjonctures.

Au lieu de cela, le général nous apprend que sa 1ʳᵉ division n'atteignit les hauteurs de Bitche que le 5, dans la soirée, « après avoir, dit-il, exécuté, par « une grande chaleur (qu'on eût évitée en marchant « la nuit), une marche de flanc pénible et longue « en présence de partis ennemis ».

A cela on peut objecter que les forces du général étaient plus que suffisantes pour mettre en fuite et disperser ces batteurs d'estrade.

La deuxième armée allemande, en marche à travers le Palatinat, était encore loin ce jour-là. Le 5 août, en effet, les têtes du 4ᵉ corps prussien atteignirent Deux-Ponts, à 25 kilomètres de la ligne de marche du général de Failly.

« La brigade de Maussion (2ᵉ de la 2ᵉ division), « poursuit le rapport, vint également camper à « Rohrbach dans la soirée du 5 août. »

Or, Rohrbach est situé à *16 kilomètres* de Sarreguemines et à moitié chemin de Bitche. Nonobstant
l'ordre du maréchal de le rejoindre aussitôt que possible, cette brigade avait donc mis tout juste vingt-
quatre heures à franchir une si courte distance !
« Deux alertes successives, l'une de nuit, l'autre
« au point du jour, retardèrent le lendemain son
« départ. »

L'histoire de la guerre par l'état-major allemand
mentionne dans sa table seulement, mais non dans
le corps de l'ouvrage, une reconnaissance exécutée,
le 6 août, vers Rimling (village français situé à quelques kilomètres au nord de la route de Sarreguemines à Bitche) par six escadrons de la 5ᵉ division,
avec une batterie à cheval. C'est sans doute cette
pointe de la cavalerie ennemie qui causa les deux
alertes en question.

Le rapport poursuit : « La brigade Lapasset (1ʳᵉ de
« la 2ᵉ division), chargée d'escorter un convoi de
« vivres de 600 voitures, ne devait quitter Sarregue-
« mines qu'à l'arrivée de la division Montaudon, du
« 3ᵉ corps. Cette division ne parut que le 6 août. »

Le général fait erreur ; la division Montaudon
arriva, dès le 5 au soir, à Sarreguemines. Nous l'y
avons vu entrer de nos propres yeux. La brigade
Lapasset aurait donc pu, si elle avait été pressée,
quitter Sarreguemines encore le même soir.

Cette brigade, forte de deux régiments d'infanterie,
d'un bataillon de chasseurs, d'un régiment de lanciers
et d'une batterie, constituait une force respectable,

en état de braver les partis ennemis qui auraient été tentés de l'inquiéter dans sa marche.

« Elle allait, continue le rapport, se mettre en « marche pour Bitche, lorsque le 2° corps fut attaqué ; « le général Montaudon lui fit alors donner l'ordre « de rester à Sarreguemines, où ce même jour elle dut « appuyer le flanc droit du 2° corps. »

Ce qui frappe tout d'abord dans cette assertion, c'est que le général Montaudon, simple divisionnaire, ait pu disposer d'un corps de troupes qui, non seulement n'était pas placé sous ses ordres, mais qui appartenait à un corps d'armée différent. Pour le reste on sait assez que ni la division Montaudon, ni la brigade Lapasset ne se sont portées au secours du général Frossard, réduit aux abois.

« Cette brigade, ajoute le général de Failly, fut « perdue pour le 5° corps qu'elle ne rejoignit jamais, » (grâce, sans doute, à cet ordre du général Montaudon !). — Donc, le 5 août, au soir, d'après notre guide, la situation du 5° corps était celle-ci : la 3° division (Guyot de Lespart), qui séjournait à Bitche depuis quinze jours, n'avait pas encore bougé ; la 1ʳᵒ division (Goze) y arrivait ; et la brigade de Maussion était encore à Rohrbach, « retardée dans sa marche, selon les termes du rapporteur, par des alertes que lui donnaient des partis ennemis. » C'est alors que la seconde dépêche du maréchal parvint au général de Failly : « Faites-moi connaître quel jour et par où « vous me rallierez. Il est indispensable que nous « réglions nos opérations. » — A quoi le commandant du 5ᵉ corps répond : « La division de Lespart est « seule à Bitche, et partira le 6 au matin, » (pourquoi pas tout de suite?) « pour vous rejoindre ; les autres « divisions suivront, aussitôt leur arrivée successive « à Bitche. »

Nous avons montré qu'en partant le 4 au soir de Sarreguemines, ces divisions eussent pu facilement être à Bitche dans la matinée et la journée du 5, pour en repartir, après six heures de repos, à la suite de la division de Lespart.

Conformément à l'ordre reçu, le général de Lespart quitta Bitche le 6, à 6 heures du matin. « Lorsque le « canon se fit entendre, toute sa colonne était en « marche, » dit le rapport.

« Cet officier général avait l'ordre de se mettre, à « chaque station, en relation télégraphique avec le « maréchal, et de pousser son étape, s'il lui était « possible, jusqu'à Reichshofen. Dès que le bruit du « canon parvint à Bitche, injonction formelle lui fut « donnée de hâter sa marche. »

Le 6 août, également, le général de Failly reçoit, à 2 heures de l'après-midi, par le commandant Moll qui a franchi la distance à cheval, une lettre du maréchal, datée de Frœschwiller, à 5 h. 1/2 du matin (avant le commencement de la bataille, par conséquent), développant un plan complet d'opérations et se terminant par ces mots : « En résumé, envoyez le plus « tôt possible une division à Philipsbourg (station du « chemin de fer, à 7 kilom. au nord de Niederbronn) « et tenez les autres prêtes à marcher. Néanmoins,

« ajoute le rapporteur, aucun ordre d'arrêter sa
« marche, ne fut donné au général de Lespart. »

Le maréchal avait combiné ses opérations, dans la
prévision erronée qu'il ne serait pas attaqué le 6.

Aussi l'événement d'une bataille prématurée,
que lui notifiait le grondement du canon, devait-il,
pour le chef du 5ᵉ corps, annuler toutes les instructions antérieures, et lui rendre sa liberté d'action et
d'initiative.

Voyons ce qui s'ensuivit.

« La division de Lespart, rapporte le général de
« Failly, avait à parcourir 34 kilomètres, dans un
« long défilé, pour arriver sur le théâtre de l'ac-
« tion. »

Arrêtons ici l'honorable général pour lui montrer
qu'il s'est, avant tout, abusé sur la distance. De
Bitche à Niederbronn, il y a 23 kilomètres, et ce
qu'il appelle un défilé, est une vallée spacieuse, par-
courue parallèlement par le chemin de fer et par la
grande route de Bitche à Haguenau, vallée qui
n'était alors ni occupée ni menacée par l'ennemi, et
qui constituait, pour le 5ᵉ corps, une communication
aussi sûre que commode avec l'armée d'Alsace. De
Niederbronn à Reichshofen, il y a 2 kilomètres 1/2,
et de Reichshofen à Frœschwiller, il y en a 4 1/2.

Ce n'est donc pas 34, mais seulement 30 kilomètres
que la colonne avait à parcourir jusqu'au théâtre de
l'action, en admettant qu'elle n'eût suivi que la
grande route, et qu'elle n'eût pas cherché à abréger
en partie son itinéraire, en prenant des chemins de

traverse, par exemple, le chemin direct de Niederbronn à Frœschwiller.

Un bon piéton ne met pas plus de quatre heures
pour aller de Bitche à Niederbronn. Partie à 6 h. du
matin de Bitche, la division de Lespart n'aurait-elle
pas pu, vers 2 heures, entrer en action sur le champ
de bataille, suivie de près par la division Goze, qui,
arrivée le 5 au soir à Bitche, avait eu toute la nuit du
5 au 6 pour se reposer?

Le général de Failly expose qu'une autre cause de
retard, pour la division de Lespart, fut d'être atta-
quée à la hauteur de Niederbronn. Il ne dit pas à
quelle heure. Mais cette attaque n'était évidemment
que la conséquence de la défaite déjà consommée de
Frœschwiller, défaite qu'il s'agissait d'empêcher, en
arrivant plus tôt.

C'étaient les troupes poursuivantes de l'ennemi
qui venaient se heurter à la division, laquelle, dès
lors, dut se contenter de protéger la retraite des
colonnes débandées de Mac-Mahon.

Le rapport poursuit : « Pendant ce temps, la divi-
« sion Goze hâtait son mouvement dans les plaines de
« Bitche, pour se tenir prête à faire face à l'ennemi,
« signalé à Pirmasens et à Deux-Ponts, en avant de
« notre front. »

Cette phrase nous paraît obscure. La division
Goze était arrivée le 5, dans la soirée, à Bitche et
aux environs; et, d'après le rapport, le 6, elle
« hâtait son mouvement dans les plaines de Bitche! »

Cela revient à dire qu'elle piétinait sur place, en

vue d'une attaque purement conjecturale, venant de
Deux-Ponts et de Pirmasens, à 25 kilomètres sur sa
gauche, tandis que grondait la canonnade de Frœschwiller.

Il faut convenir, cependant, que, aux yeux du général de Failly, à qui, depuis le 5, le maréchal n'avait pas
réitéré l'ordre formel de le rejoindre, la situation pouvait paraître confuse et embarrassante. Mais l'action
engagée devant lui, à six heures de marche, que lui
confirmait le bruit du canon, ne devait-elle point
l'emporter sur une attaque hypothétique? Donc, le
général se crut obligé de protéger ce qu'il appelle la
trouée de Rohrbach, ainsi que les environs de Bitche,
couverts cependant par la place elle-même.

« Jusqu'à 5 heures, ajoute-t-il, je ne cessai d'être
« en relation télégraphique avec le maréchal de Mac-
« Mahon et le général de Lespart, et aucun ordre ne
« me fut envoyé. »

Rien à redire à cette observation. Le 6, dans la
journée, il n'était plus temps d'aller au secours de
Mac-Mahon, en partant de Bitche. C'était au point
du jour, ou plus tôt, qu'il eût fallu partir.

« Dans cette terrible journée, conclut le rapport,
« le 5e corps, fatalement divisé, combattait aux deux
« extrémités de ses positions : à Niederbronn, droite
« de l'armée du prince royal, et à Sarreguemines,
« où il appuyait le 2e corps avec la brigade Lapasset. »

Cette assertion, encore, peut être relevée, comme
empreinte d'inexactitude et d'exagération. En effet,
si la division de Lespart a pu contribuer à couvrir,

jusqu'à un certain point, la retraite de l'armée vaiucue à Frœschwiller, il n'est pas exact de la représenter comme ayant pris une part sérieuse à l'action; et quant à la brigade Lapasset, elle n'a été en aucune façon engagée ce jour-là, puisqu'elle est restée à Sarreguemines, où il n'y a pas eu de rencontre. D'après le major-général, maréchal Lebœuf, « le 5ᵉ corps est arrivé trop tard; » d'après le maréchal de Mac-Mahon, « le 5ᵉ corps n'a *pu* arriver à temps. »

Après l'analyse que nous venons de faire des marches de ce corps, nous laissons aux lecteurs compétents le soin d'appliquer l'un ou l'autre de ces jugements.

Notre sentiment, à nous, n'est pas douteux : le 5ᵉ corps aurait pu arriver à temps, en forçant un peu sa marche. Dans le massif montagneux qu'il avait à traverser de Bitche à Niederbronn, les vallées se dirigent du nord au sud, et communiquent entre elles par quelques routes et chemins transversaux. Le pays, peu habité, est couvert de forêts. Pour se guider dans ce dédale, nos troupes pouvaient faire appel au personnel forestier et douanier, qui n'aurait pas fait défaut. Deux de ces vallées donnaient accès au théâtre du combat. La première, celle suivie par la division de Lespart, aboutissait, à Niederbronn, à 6 kilomètres en arrière du front de Mac-Mahon; l'autre, la vallée de Dambach, débouchait sur le flanc même des combattants, par le défilé très encaissé du Jagerthal, qui eût été, croyons-nous, praticable, au moins pour un corps d'infanterie. Celle-ci eût pu ainsi assaillir de flanc et à dos les Bavarois de l'aile droite ennemie.

Nous n'avons pas à suivre ce malheureux 5ᵉ corps dans la retraite où il allait être entraîné, et dans les mésaventures qui l'accablèrent, entre tous, jusqu'à la catastrophe terminale de Sedan.

Nous ne rechercherons pas davantage s'il eût pu s'arrêter quelque part dans les Vosges, et y occuper une forte position, pour entraver les progrès rapides du prince royal.

La perte simultanée de la bataille de Forbach l'eût exposé à être enveloppé.

La hâte que mit ce corps d'armée à disparaître du théâtre de ses premières opérations, avant d'avoir été sérieusement entamé, eût été digne d'éloge, si elle s'était manifestée trois jours auparavant, dans sa marche sur l'Alsace.

FORBACH. — SPICHEREN.

Nous avons vu comment, à Frœschwiller, grâce à la force de leur position et à leur propre valeur, les troupes françaises de Mac-Mahon avaient réussi à compenser leur infériorité numérique, et à tenir, dix heures durant, contre une armée ennemie, beaucoup plus riche en hommes et en bouches à feu.

A Forbach, au contraire, nous allons voir un corps d'armée français qui, avec la supériorité du nombre et de la position, au début, se laisse, pendant cinq à six heures, bloquer et tenir en échec par une seule division prussienne, forte de 11 bataillons et 3 batteries ; et qui, vers le soir, voyant croître et grossir sans cesse les rangs de ses assaillants, sans être lui-même secouru de nulle part, faiblit sous les coups répétés de l'ennemi, et finit par lui céder le champ de bataille, autant peut-être par l'effet moral de cet abandon où l'ont laissé ses frères d'armes, inertes autour de lui, que par l'épuisement de ses forces et de ses munitions.

Le pays de la Sarre, à l'extrémité orientale de l'ancien département de la Moselle, appartient à la formation triasique et présente l'aspect ordinaire des terrains de cette période géologique : de hauts plateaux de pierre calcaire, ondulés et accidentés, qui laissent percer çà et là les affleurements du grès bigarré et du grès rouge vosgien, où se rencontrent souvent des pans de roches à pic ou très escarpés. Les plateaux sont découverts la plupart du temps, tandis que les croupes et versants sont garnis de bois épais. Les plaines d'une certaine étendue y sont rares, et la nature mamelonnée du sol y prévaut presque partout. Un pays ainsi configuré doit être éminemment défendable pour tout capitaine qui en connaît les coins et les replis.

La ligne ferrée qui pénétrait en France entre Sarrebruck et Forbach devait être la maîtresse voie de l'invasion, car c'est la grande voie internationale de la région. Dans cette prévision, le 2ᵉ corps d'armée français, tout formé au camp de Châlons depuis le 1ᵉʳ juin, et commandé par le général Frossard, fut dirigé sur ce point de la frontière, aussitôt après la déclaration de guerre.

Pour tout ce qui concerne les mouvements et les positions de ce corps, nous suivrons, autant que possible, les indications du rapport justificatif publié par son chef.

Le 2ᵉ corps débarqua les 17 et 18 juillet, à Saint-Avold, petite ville située à quelques lieues en deçà de Forbach, à 22 kilomètres de la frontière.

Il comprenait trois divisions d'infanterie, à chacune desquelles étaient attachées trois batteries, dont une de mitrailleuses, et une compagnie du génie; puis, deux brigades de cavalerie, et une réserve d'artillerie et du génie : 90 bouches à feu au total. Mais, à leur arrivée, les régiments ne possédaient que la moitié de leurs effectifs de guerre.

Le 19 juillet, le général Frossard porta jusqu'à Forbach une de ses divisions, afin d'être en mesure de surveiller la frontière de plus près.

Une autre des 3 divisions occupa un poste intermédiaire, à Béning, point de rencontre des chemins de fer venant de Forbach et de Sarreguemines. Ces deux lignes ferrées forment avec la Sarre les trois côtés d'un triangle à peu près équilatéral, de 20 kilomètres de côté, dont la partie nord fut le théâtre de la bataille de Forbach.

Le 22 juillet, le général Bataille, qui se trouvait en tête à Forbach, fit occuper, par une partie de ses troupes, les hauteurs de Spicheren, sur sa droite, forte position dominant la route et le chemin de fer, entre Sarrebruck et Forbach.

Le général Frossard envoya aussi un de ses régiments occuper Sarreguemines, situé dans l'angle sud-est du triangle. Cette ville est traversée par la grande route de Deux-Ponts à Nancy, prédestinée également à être une des avenues de l'invasion.

En attendant l'approche de l'ennemi, on s'appliqua, au 2ᵉ corps, à organiser et à pratiquer les services d'avant-postes et de reconnaissances. L'état-major eut quinze jours de loisir pour bien étudier la position et ses alentours.

A la date du 23 juillet, une dépêche du major-général, maréchal Le Bœuf, ordonna un déploiement des forces françaises, qui devait s'étendre de Sierck jusqu'aux Vosges, et qu'on pourrait, à juste titre, qualifier de dispersion.

Le 4ᵉ corps, sous le général de Ladmirault, à l'extrême gauche, se plaça à Thionville et à Bouzonville; le 3ᵉ corps (maréchal Bazaine), fut porté à Boulay, sur la route de Metz à Sarrelouis, et le général de Failly à Sarreguemines, d'où le général Frossard put, en conséquence, retirer son régiment détaché. Le général Frossard observe ici que, puisqu'on semblait vouloir se renfermer dans la défensive, on eût dû concentrer l'armée de Lorraine sur la position de Cadenbronn, un des points culminants du triangle, étudiée par le général lui-même et signalée par lui comme stratégiquement excellente pour la défense de cette partie du territoire.

Le 31 juillet, le quartier général du 2ᵉ corps fut transporté de Saint-Avold à Forbach. Le 3ᵉ corps vint s'établir à Saint-Avold, et le 4ᵉ à Boulay.

A cette date, les hostilités étaient devenues imminentes. C'est le moment de décrire le terrain qui fut le théâtre de la lutte du 6 août, et des mouvements qui précédèrent cette lutte.

Les hauteurs de Spicheren forment l'extrémité septentrionale du plateau triangulaire que nous avons spécifié plus haut. Elles s'avancent en promontoire vers Sarrebruck, laissant entre elles et cette ville, à cent mètres plus bas, une petite plaine, large de

deux kilomètres, qui, sillonnée par un vallon trans-
versal, se relève aux abords de Sarrebruck, et s'y
termine par une petite chaîne de hauteurs qui domi-
nent le cours de la Sarre.

A gauche, au nord-ouest, le plateau de Spicheren
dessine une côte escarpée, ayant l'apparence d'un
bastion, au pied de laquelle s'allongent la route et
le chemin de fer de Sarrebruck à Metz. Ces deux
voies traversent le village industriel de Stiring,
avant d'atteindre Forbach, situé à 4 kilomètres, en
arrière.

En face de Sarrebruck, au nord, un contrefort
étroit, que les Français ont appelé l'Éperon, fait sail-
lie sur la plaine, et se relie à droite, en contournant
une gorge, au bois dit Gifertwald, lequel se rattache
lui-même à la forêt de Saint-Arnual. Ces bois, qui
s'abaissent jusqu'aux rives de la Sarre, tout en pro-
tégeant notre aile droite, l'exposaient en même
temps au péril d'une attaque couverte, par ce côté.

Leur possession fut disputée avec acharnement
par les deux partis. Une lutte corps à corps terrible et excessivement meurtrière s'y déroula.

Le contrefort de l'Éperon et les bois constituaient
une première ligne de défense derrière laquelle, autour du village de Spicheren, s'en élevait une seconde,
séparée de la première par une gorge qui descend
vers Gros-Bliederstroff et la Sarre, pourvue d'un bon
chemin vicinal.

Cette position semble inexpugnable, excepté peut-
être par ces bois sur la droite. Malheureusement le

général Frossard n'y concentra pas toutes ses forces. Il crut devoir aussi défendre la vallée ou bas-fond à gauche, position qui, sans être défavorable à la défensive, lui offrait beaucoup moins de chances et l'exposait à une attaque de flanc sur sa gauche et ses derrières. Dans cette direction, en effet, de vastes et épaisses forêts lui dérobaient les mouvements de l'adversaire.

En avant de la position française s'étend, comme nous l'avons dit, le petit plateau intermédiaire qui se relève jusqu'aux abords de Sarrebruck pour s'abaisser brusquement vers la Sarre. La ville, située en contre-bas de cette déclivité, reste masquée aux yeux, et la route pour y descendre s'enfonce dans une tranchée.

A gauche de cette tranchée s'étend le champ de manœuvres de la garnison ; à droite, une série de hauteurs qui vont s'élevant jusqu'à 100 mètres au-dessus du niveau de la Sarre. Du bord de ce plateau la vue plonge dans la ville, embrasse ses deux ponts qui la relient à Saint-Jean et à la gare sur la rive droite, et domine également le troisième pont, à l'usage du chemin de fer, à 2 kilomètres en aval.

Ce premier gradin, du haut duquel on eût pu interdire à l'ennemi le passage de la rivière et derrière lequel la montagne de Spicheren s'étage comme un second gradin, ne fut pas défendu par le général Frossard, au grand étonnement des stratégistes prussiens.

Revenons, après cette digression topographique, aux opérations du 2e corps.

Le 2 août, à 10 heures du matin, une partie de l'armée entreprit sur Sarrebruck l'action offensive décidée par l'empereur Napoléon.

On déploya à cette occasion, comme cela se fait aux grandes manœuvres en temps de paix, des corps d'armée entiers contre un ennemi imaginaire figuré par quelques escouades et pelotons. Non seulement tout le 2ᵉ corps Frossard fut mis en mouvement, mais encore une division du 3ᵉ corps. Celle-ci, chargée d'éclairer sur la gauche, s'avança jusqu'à deux lieues en aval de Sarrebruck, à Wehrden, où se trouve un passage de la rivière qui était observé plutôt que gardé par trois compagnies prussiennes.

Les détachements qui, à Sarrebruck, reçurent le choc du 2ᵉ corps français se composaient de trois compagnies du 40ᵉ régiment de fusiliers. Elles furent recueillies dans leur retraite sur la rive droite par deux autres compagnies du même régiment, et se retirèrent ensemble au delà du chemin de fer sous la protection de quatre pièces de canon. Une autre compagnie du même régiment se trouvait avec deux bouches à feu à Breback en face de notre droite. Enfin le pont du chemin de fer, sur notre gauche, était également gardé par une compagnie d'infanterie. Total : 7 compagnies, 1 batterie et 3 escadrons de uhlans.

Peu importe, la supériorité du nombre a du bon, l'ennemi nous l'a assez prouvé; ce qui fut à regretter, c'est qu'on n'en tira aucun parti. L'engagement du 2 août n'eut pour nous d'autre résultat qu'une occupation transitoire et sans utilité de la ville de Sarrebruck.

L'artillerie française ayant, au cours de cette attaque, canonné la gare de Saint-Jean, située isolément sur une éminence à gauche de la ville, les Allemands ont, depuis, dirigé contre nous l'imputation calomnieuse d'avoir bombardé une ville ouverte, imputation contre laquelle le général Frossard proteste, dans son rapport, avec une juste indignation. Nos ennemis, eux, ne se firent pas faute, dans la suite, de bombarder des villes ouvertes françaises, à la moindre velléité de résistance. D'après la théorie allemande, une ville ouverte qui se défend ne peut plus être considérée comme telle. Le général Frossard, en s'appuyant sur cette théorie, aurait donc très légitimement pu bombarder Sarrebruck ; mais il ne l'a pas fait, ce qui rend l'imputation allemande parfaitement impertinente, à tous les points de vue.

Rien de marquant ne se passa à la frontière le lendemain et le surlendemain de l'affaire de Sarrebruck.

La concentration de l'armée française ne se faisait toujours pas. L'appréhension mal fondée de voir l'ennemi marcher de la basse Moselle sur Thionville et Metz semble avoir paralysé cette opération. En même temps, la nouvelle de l'invasion de l'Alsace jetait dans l'état-major général une autre cause de désarroi.

Le 5 août, les quatre divisions du maréchal Bazaine

firent un mouvement de flanc vers l'est et furent échelonnées entre Saint-Avold et Sarreguemines. Placées respectivement à Saint-Avold, Marienthal, Puttelange, Sarreguemines, sur l'arc d'un secteur ayant son sommet à Sarrebruck, elles étaient en mesure, par des communications plus ou moins directes, de se porter à Forbach ou à Spicheren, dans un laps de temps variant de deux heures et demie à trois heures et demie.

Cependant, la position un peu en l'air de son corps d'armée préoccupait le général Frossard, qui se voyait déjà entouré par la première et la deuxième armée allemandes.

Répondant à une question du major-général, il s'exprime ainsi, le matin du 5 août : « La nuit a été « calme ; j'ai reporté une brigade en arrière, à ma « gauche, à Forbach, et une brigade en arrière, à « ma droite, à Spicheren, avec cinq escadrons. J'ai « envoyé un escadron à Sarreguemines. Je ne fais « rien sur ma position avancée. J'y suis un peu en « flèche ; le 2e corps serait beaucoup mieux sur les « plateaux, de Forbach à Sarreguemines, en gardant « Forbach. L'Empereur juge-t-il que je doive me « reporter là, suivant les circonstances ? »

Deux heures après, il recevait du major général la dépêche suivante :

« Metz, 5 août, 9 heures 10 minutes du matin.

« En réponse à votre télégramme, l'Empereur décide « que demain matin vous reporterez votre quartier « général à Forbach, vous laissant libre de disposer

« vos divisions, en les concentrant autour de vous,
« de manière à mettre votre quartier général à
« Saint-Avold, dès que l'ordre vous en sera donné
« par l'Empereur. »

Le même jour, à 1 heure du soir, le général Frossard fut informé que, par ordre de l'Empereur, à
dater de ce jour, les 2ᵉ, 3ᵉ et 4ᵉ corps d'armée étaient
placés, en ce qui concerne les opérations militaires,
sous les ordres directs du maréchal Bazaine, et les
1ᵉʳ, 5ᵉ et 7ᵉ sous ceux du maréchal de Mac-Mahon.

Le chef du 2ᵉ corps, pressé de quitter sa position
en pointe à Sarrebruck, n'attendit pas jusqu'au lendemain, et effectua, le soir même du 5, son mouvement rétrograde.

Il distribua ses trois divisions comme il suit :

La 1ʳᵉ division (Vergé) occupa le bas-fonds de
Forbach, avec la brigade Jolivet, en avant, à Stiring, sur le front de la position, à cheval sur le chemin de fer et la route, et la brigade Valazé, en arrière de la route de Sarrelouis. Les approvisionnements amoncelés à la gare de Forbach se trouvaient
ainsi tout au moins à l'abri d'une surprise ou d'un
coup de main.

La 3ᵉ division (Laveaucoupet) occupa les crêtes antérieures des hauteurs de Spicheren, c'est-à-dire le
promontoire de l'Éperon et les bois qui s'y relient
sur la droite. La 2ᵉ division (Bataille) prit position
à plusieurs kilomètres en arrière, près du village
d'Œting, sur un des points culminants du plateau,
d'où elle embrassait du regard, à gauche, au-dessous

d'elle, les positions de la 1ᵒᵉ division, et devant elle celles de la division Laveaucoupet.

Les troupes françaises n'eurent pas de longs loisirs dans leurs nouveaux campements. Dès le lendemain, le bruit du canon les mit en éveil.

Le 6 août, à 4 heures 40 minutes du matin, le général Frossard fut averti par une dépêche du quartier impérial « de se tenir prêt à une attaque sé-- « rieuse, qui pourrait avoir lieu le jour même. »

« En effet, dès sept heures et demie, rapporte le « général, nos vedettes annoncent, en se repliant, « l'approche des troupes prussiennes.

« A huit heures, ajoute-t-il, les colonnes d'infan- « terie commencent à descendre des hauteurs de « Sarrebruck, précédées de lignes de tirailleurs. »

Cette assertion est formellement contredite par tous les auteurs allemands, qui ne font arriver sur le plateau de Sarrebruck qu'à 11 heures et demie le premier bataillon d'avant-garde de la 14ᵉ division prussienne. L'histoire de l'état-major, Schell, Borbstædt, et de nombreux reporters, témoins oculaires, sont d'accord sur cette question de temps.

Au surplus, le général Frossard, dans son rapport, n'observe pas la chronologie des phases du combat. Les heures ne sont pas indiquées; aucune précision à cet égard: Les documents allemands nous apprennent que des reconnaissances multipliées avaient été opérées, dans la matinée du 6, par la cavalerie prussienne, sur le flanc gauche du 2ᵉ corps et sur son front; et que le mouvement rétrograde, opéré la veille

par ce corps, avait accrédité chez l'ennemi l'opinion
que le général Frossard était en train de se mettre en
retraite.

Vers dix heures, le général de Rheinbaben, commandant les cinquième et sixième divisions de cavalerie prussienne, qui précédaient au loin la deuxième
armée allemande, débouche sur le champ de manœuvres, au-dessus de Sarrebruck, et y prend position avec quelques escadrons, suivis bientôt de beaucoup d'autres. Son apparition provoque les premiers
coups de canon tirés des batteries françaises. Mais
ce n'est qu'à midi, lorque la quatorzième division
prussienne (général de Kamecke) se trouva réunie
sur les lieux, que la bataille commença.

Le général de Kamecke, au moment d'affronter
avec ses onze bataillons un adversaire supérieur en
nombre, établi dans une position très forte, dut sans
doute balancer avant de se jeter dans une entreprise
aussi hasardée ? Assuré, toutefois, qu'il pouvait co-
ter sur l'aide de ses collègues, en marche derrière
lui, il se résolut à payer d'audace, et ordonna à sa
première brigade d'attaquer la montagne de Spicheren, tandis qu'il lançait son autre brigade contre la
division Vergé, en avant de Stiring.

L'attaque dirigée contre les hauteurs se fit d'abord
par les bois à droite. Puis le général de François,
qui commandait cette brigade, assaillit de front la
montagne avec une autre partie de ses fantassins,
mais s'y buta. Vers trois heures, ses tirailleurs,
avec une intrépidité qu'il faut reconnaître, se mirent

à grimper sur la pente raide de l'Eperon, et réussirent même à en aborder la crête. Mais, là, leurs progrès s'arrêtèrent ; ils furent repoussés à plusieurs reprises, ainsi que dans les bois, et se trouvaient, après 3 heures, dans une situation critique, ne pouvant plus ni avancer, ni reculer.

Le moment psychologique était arrivé.

Une vigoureuse impulsion donnée, à cet instant, aux troupes françaises aurait apparemment culbuté les agresseurs épuisés.

Mais le général Frossard se préoccupait surtout de la lutte engagée à son aile gauche, à Stiring, où l'ennemi avait gagné quelque terrain. Il s'en préoccupait tellement qu'il fit descendre de la montagne une partie de la division Bataille, pour renforcer cette aile. Certes, si le général Frossard avait pu prévoir que les secours qu'il demandait depuis le matin au maréchal Bazaine n'arriveraient pas, il ne lui fût resté qu'un parti à prendre : évacuer la vallée et concentrer ses forces sur les hauteurs, en abandonnant à son sort la gare de Forbach avec ses convois, car le salut de son corps d'armée devait lui tenir à cœur plus que la sécurité des approvisionnements, dont, au reste, il n'était pas seul responsable.

Les renforts, qui faisaient défaut aux Français, commencèrent à affluer aux Prussiens, vers trois heures et demie. Des colonnes appartenant à la 1re et à la 2e armée allemande, accourues de gauche et de droite, convergeaient à Sarrebruck, tandis que la 13e division prussienne, ayant franchi la Sarre à

Wehrden, était en marche pour tomber sur le flanc gauche et les derrières du corps Frossard. Toutefois, ce mouvement tournant ne produisit son effet qu'à la tombée de la nuit ; et il restait encore trois ou quatre heures de temps aux divisions du maréchal Bazaine, pour apporter au 2ᵉ corps un secours efficace. A partir de l'entrée en scène des renforts prussiens, la lutte ne pouvait plus être que défensive pour les Français, sur les hauteurs de Spicheren, comme à Stiring. Nous nous bornerons à enregistrer les péripéties principales.

A trois heures et demie, arrivée du général de Goeben, commandant le 8ᵉ corps prussien, avec trois bataillons d'infanterie du régiment nº 40, deux batteries, et le 9ᵉ hussards. Les trois bataillons furent immédiatement lancés contre la montagne de Spicheren.

Presque en même temps arrivèrent deux régiments du 5ᵉ corps, puis le 3ᵉ bataillon de chasseurs, le régiment de grenadiers nº 8 et une masse de cavalerie accourue de toutes parts, mais que la nature du terrain empêcha d'employer utilement. Une attaque extravagante contre l'Éperon, tentée par les hussards de Brunswick, sur le chemin escarpé qui y monte, échoua.

A six heures un quart, survinrent encore le régiment d'infanterie nº 52, et une batterie du 1ᵉʳ corps ; à sept heures et demie, le régiment nº 20. Jusqu'au soir, l'ennemi avait ainsi assemblé trente bataillons et douze batteries contre le 2ᵉ corps français, indépendamment des troupes qui opéraient le mouvement tournant par la route de Sarrelouis. Certaines de ses colonnes avaient fait jusqu'à *treize* heures de marche pour courir au feu.

A six heures et demie, l'ennemi se sentant en force, fit aussi donner l'assaut par la côte de Stiring, sur le flanc gauche des hauteurs. A sept heures encore, le général Laveaucoupet repousse, l'épée à la main, les Prussiens, dans les bois à droite de l'Éperon; mais l'apparition de ceux-ci sur la crête, à gauche, oblige le brave général à la retraite, qui se fit en bon ordre, à la nuit tombante, sous la protection de l'artillerie. Une ligne imposante de batteries, rangée en arrière du village de Spicheren, tint l'ennemi en respect, en lui tirant ses dernières salves.

Le mouvement de retraite s'opérait de même dans la vallée de Forbach, à la suite de l'attaque de la 13ᵉ division prussienne, sur le flanc gauche et les derrières de la position, attaque qui fut contenue quelque temps par les dragons du colonel Dulac, la compagnie du génie de réserve, et quelques détachements de réservistes d'infanterie qui venaient de débarquer à la gare.

Le général Frossard se retira par les hauteurs sur Sarreguemines, abandonnant un équipage de ponts dépourvu d'attelages, et quelques effets de campement. La bataille était perdue; mais ce n'était pas une déroute. 28.500 Français avaient résisté depuis le matin à une force ennemie qui, jusqu'à trois heures, ne compta guère qu'une quinzaine de mille hommes; mais qui, à partir de ce moment de la journée, ne cessa de s'accroître, et atteignit bien, le soir, 40.000 hommes ; le bataillon prussien ayant un effectif bien supérieur à celui du bataillon français.

On ne peut guère reprocher au général qui commandait les forces françaises dans cette rencontre, que d'avoir peut-être manqué d'activité personnelle et de coup d'œil pendant la première phase de la bataille, où, saisissant l'occasion d'accabler une division isolée, avec les forces supérieures dont il disposait, il eût pu châtier l'ennemi de sa témérité.

En effet, qu'on soit de la profession ou non, l'outrecuidance de l'attaque du général de Kamecke saute aux yeux, et ne saurait se justifier théoriquement. Mais hélas ! le succès l'a consacrée, comme d'autres fautes encore de nos adversaires que l'impéritie des généraux français a laissé transformer en victoires et en habiletés stratégiques !

La vraie responsabilité de la défaite retombe sur le maréchal Bazaine et ses lieutenants.

Nous allons le montrer, en dépouillant la correspondance télégraphique qui s'échangea, au courant de la journée, entre le général Frossard et son commandant en chef, ainsi que les ordres que celui-ci, dans la circonstance, transmit à ses généraux divisionnaires; enfin, en signalant l'attitude observée par ces derniers pendant que la bataille était déchaînée à bonne portée de leur coopération.

Dès 9 heures 10 du matin, le général Frossard

annonce au maréchal qu'il entend le canon à ses avant-
postes, et qu'il va s'y porter. « Ne serait-il pas bien,
« ajoute-t-il, que la division Montaudon envoyât de
« Sarreguemines une brigade vers Gros-Bliederstroff,
« et que la division Decaen se portât vers Merlebach
« et Rosbruck? » A 10 heures, le général informe
le maréchal que c'est une bataille qui s'engage, à
n'en pas douter.

Voici la réponse du maréchal à ces deux dépêches:
« St-Avold, 6 août, 11 heures 15 du matin. Quoique
« je n'aie que peu de monde sous la main, pour garder
« la position de St-Avold », qui par parenthèse n'était
pas menacée et que la défaite du 2ᵉ corps pouvait
seule compromettre, « je fais marcher la division
« Metman sur Macheren et Béning, la division Cas-
« tagny sur Farschwiller et Théding. Je ne puis
« faire plus; mais comme vous avez vos trois divi-
« sions réunies, il me semble que celle qui est à
« Oeting peut très bien envoyer une brigade sur
« Morsbach, etc., etc. Tenez-moi au courant. »

Cependant le combat continuait et se prononçait
dans toute sa gravité. Le maréchal, tenu au courant
des choses, répond au général Frossard: « St-Avold,
« 2 heures. Je fais partir la division Montaudon
« pour Gros-Bliederstroff. La brigade de dragons
« marche sur Forbach. — St-Avold, 2 heures 25. Je
« vous ai déjà répondu que le général Montaudon
« partait pour Gros-Bliederstroff. »

Or, ce n'était pas vrai. Le général Montaudon ne
vint pas à Gros-Bliederstroff, comme nous le verrons.

bien qu'il n'eût pour cela que 6 à 7 kilomètres à faire.
D'ailleurs, n'est-ce pas une singulière façon de secourir un corps qui combat que de lui envoyer des
renforts destinés à s'arrêter à moitié chemin? La présence d'une division à Gros-Bliederstroff, à 7 kilomètres du théâtre de l'action, n'aurait exercé qu'une
minime influence sur le dénouement de la bataille.
Le général Frossard, débordé sur sa gauche, croyait
pouvoir compter au moins sur l'aide de la division
Metman, que le maréchal lui signalait comme se por-
tant sur Béning, à 6 kilomètres seulement sur ses derrières. En conséquence, il télégraphie à 4 heures : « Si
« le général Metman est encore à Béning, qu'il parte
« immédiatement pour Forbach. » Au lieu de l'infanterie dont il avait besoin, il reçut une brigade de
dragons, dont il n'avait que faire.

Aucun autre secours ne lui arriva. Le maréchal
Bazaine ne se dérangea pas; les généraux Metman,
Castagny, Montaudon ne vinrent pas!

Examinons à présent ce qui se passait sur les points
où stationnaient les quatre divisions du 3ᵉ corps.

1) *A Sarreguemines*, 13 kilomètres de Spicheren,
deux heures et quart de marche, par de bons chemins,
en ligne droite. — La division Montaudon y était
arrivée la veille au soir ; elle trouva la ville encore
occupée par la brigade Lapasset qu'y avait laissée
le 5ᵉ corps pour la garde de son convoi. Voici comment le général Montaudon a expliqué, devant le
conseil de guerre à Trianon, l'emploi de sa journée,
le 6 août.

« Le 5 août, ma division reçut l'ordre de se rendre
« à Sarreguemines, où elle arriva vers 6 heures du
« soir. A peine arrivé on me prévint que j'allais
« être attaqué » (l'ennemi était encore à 30 heures
de marche). «Je pris immédiatement mes dispositions
« Mes troupes restèrent sous les armes toute la nuit.
« Le lendemain matin, je montai à cheval, et j'allai
« faire une reconnaissance, pour savoir où étaient
« les uhlans. *Le 6, au matin*, je reçus, du quartier-gé-
« néral qui était à Metz, un télégramme me préve-
« nant que le général Frossard, qui était à Forbach,
« était attaqué. *Une demi-heure après*, je reçus une
« dépêche de M. le maréchal Bazaine, me disant
« d'arriver avec ma division et de prendre position à
« Gros-Bliederstroff. Ce télégramme fut reçu à
« Sarreguemines par mon chef d'état-major; pen-
« dant ce temps, j'étais à cheval à quatre ou cinq
« kilomètres en avant. Aussitôt que je fus informé de
« la dépêche, c'est-à-dire *vers trois heures et demie*,
« je fis revenir mes avant-postes, je rassemblai ma
« division, je me mis à sa tête, et je pris la position
« qui m'était indiquée par M. le maréchal. *Il était*
« *alors 7 heures 1/2 du soir.* »

Il est facile de découvrir tout ce que ces explica-
tions ont d'inadmissible. Un important ordre de mouvement du maréchal parvient le 6 *au matin*, au chef d'état-
major de la division Montaudon, à Sarreguemines,
et ce général n'en est informé que *vers trois heures et
demie*, parce qu'il se trouve à cheval, à quatre ou cinq
kilomètres en avant!!! Et, après avoir pris connaissance

de cet ordre, le général emploie quatre autres heures à mettre ses troupes en marche, pour arriver à 7 heures et demie, non pas à Gros-Bliederstroff, mais sur les hauteurs derrière Sarreguemines, à 3 kilomètres de son point de départ!

Rappelons, comme circonstance aggravante, que la brigade Lapasset était toujours à Sarreguemines, et que sa présence y suffisait, momentanément, pour garder la position.

Les premiers coups de canon de Spicheren, portés par le vent, se répercutèrent avec force dans la vallée de la Sarre, et furent entendus à Sarreguemines dès 11 heures du matin, et plus tôt, peut-être. Rien de plus simple, dès lors, que d'envoyer aux renseignements, dans la direction du feu, quelques officiers d'ordonnance, escortés d'un escadron ou deux. En moins de deux heures, on eût su à quoi s'en tenir à Sarreguemines, car les coureurs ennemis n'avaient pas encore franchi la Sarre et la route de la rive gauche était libre.

Mais le général Montaudon qui s'attendait, semble-t-il, à être attaqué lui-même, ne prêta pas à cette canonnade, d'une intensité croissante d'heure en heure, et qui mettait tous les cœurs en émoi, l'attention dont elle était digne de sa part. En vain le canon tonna sans interruption, les troupes françaises à Sarreguemines, représentant un ensemble de forces de 20 bataillons avec artillerie et cavalerie assorties, séparées du théâtre de l'action par deux heures et quart de marche, ne partirent point!

2) *A Puttelange*, 17 kilomètres de Spicheren, 18 de Forbach. — La division Castagny, en position à Puttelange, était laplus éloignée du champ de bataille, et la moins favorisée pour les voies et moyens de communication. Toutefois, il était possible de franchir la distance en trois heures et demie, soit en descendant sur Forbach par Théding, soit en gagnant le plateau de Spicheren par les chemins de traverse.

Le général Castagny a raconté, devant le conseil de guerre, de la manière suivante, les épisodes de la journée en ce qui concerne sa division :

Avant de quitter le maréchal, à Saint-Avold, le général se rendit auprès de lui, pour prendre ses dernières instructions. Le maréchal lui adressa ce discours : « Vous êtes en seconde ligne, mettez-« vous en communication avec les généraux qui sont « en première ligne, et dans le cas où ils vous « feraient appeler, je vous autorise à venir à leur « secours. » — Arrivé à Puttelange, le général Castagny envoya un officier à son voisin de droite, le général Montaudon, et un *gendarme*, au général Frossard, pour se mettre en communication avec eux, en exécution de l'ordre verbal qu'il venait de recevoir.

Le lendemain matin, le 6, le général convoqua chez lui ses colonels et ses généraux de brigade ; et tandis qu'ils se trouvaient réunis dans sa chambre, ils entendirent un grondement lointain que les uns prirent d'abord pour celui du tonnerre ; mais quelques minutes suffirent pour les convaincre que c'était le canon. Le général fit prendre les armes à sa division, et alla, dit-il, *droit au canon*.

Malheureusement, après avoir fait 6 kilomètres, il s'arrêta dans une position où le bruit du canon ne se percevait plus ; et, se persuadant que l'affaire était terminée, il rebroussa chemin, et regagna Puttelange, sans attendre, paraît-il, le résultat de la reconnaissance de cavalerie qu'il dit avoir envoyée en avant. — A peine rentré dans ses campements, il entendit, pour employer ses propres termes, *une canonnade abominable* qui recommençait. Il fit reprendre les armes, se remit en route, mais trop tard ; et la nuit vint mettre un terme à ses expéditions infructueuses.

Ce qui est à remarquer dans ce compte rendu, c'est la lacune qui se serait produite dans la canonnade et les difficultés qu'aurait éprouvées la division pour se mettre en rapport avec le 2ᵉ corps qui combattait à une douzaine de kilomètres devant elle. La position de la division Bataille à Oeting, était même beaucoup plus rapprochée.

3) *De Marienthal,* où il se trouvait, le général Metman avait cinq kilomètres de traverses à franchir pour gagner, soit à Hombourg, soit à Béning, la grande route et la voie ferrée entre Saint-Avold et Forbach.

Cet officier général a déposé que : en exécution des ordres du maréchal, il quitta Marienthal vers midi et demi, pour faire une reconnaissance (il s'agissait bien de cela, en seconde ligne !), et se diriger sur Béning.

Il devait s'y établir, et observer l'espace qui sépare le chemin de fer de la frontière. Il crut devoir garder cette position de Béning, « si importante, dit-il, « puisqu'elle ferme un débouché par où l'ennemi « voulait passer. »

Nous ne savons de quel débouché il peut être question ici. En tout cas, l'ennemi n'y pouvait arriver par aucune autre route que celle de Forbach, que défendait en ce moment même le général Frossard. Nos généraux d'alors, pour justifier leur inaction, alléguaient volontiers des débouchés à garder.

Dans cette position, le général Metman entendit le canon, et comprit que le général Frossard était attaqué.

Sa perplexité fut grande, dit-il. Devait-il quitter une position qui, selon lui, pouvait devenir si importante, ou devait-il marcher au secours du général Frossard? La canonnade qui redoublait et la demande pressante de secours que lui adressait, à quatre heures, ce général, auraient dû le déterminer pour ce dernier parti. Il s'y décida, à la fin, mais trop tard!! Six kilomètres le séparaient de Forbach. Il n'y arriva qu'à la nuit, après la retraite du 2e corps.

4) *A Saint-Avold.* — La division Decaen s'y trouvait avec le quartier général de Bazaine.

Cette division eût pu également secourir les combattants de Spicheren et de Forbach. C'est même celle qui, se trouvant immédiatement sous la main du général en chef, pouvait arriver la première, en se servant du chemin de fer. Les trains omnibus qui circulent sur cette ligne emploient 36 minutes pour ce trajet.

Concluons. Si nous avons été battus à Forbach, ce n'est pas par une supériorité numérique de l'ennemi, et encore moins par la profondeur de ses combinaisons tactiques ou stratégiques.

Les troupes prussiennes, à la vérité, ont fait bravement leur devoir : officiers et soldats se sont montrés combattants déterminés. Mais, de notre côté aussi, on pouvait tout attendre des troupes bien dirigées. Manifestement, les ordres du maréchal Bazaine ont été tardifs, sans précision, ambigus. Les généraux divisionnaires du 3ᵉ corps, qui étaient sous le commandement direct du maréchal, ont manqué de direction, de résolution et d'initiative. L'intervention, en temps opportun, de deux des quatre divisions du 3ᵉ corps, eût suffi pour assurer la victoire à nos armes.

Nous avons fini notre pénible tâche ; puissions-nous avoir contribué à jeter quelque jour sur les événements, encore mal connus et restés dans l'ombre, de cette fatale journée du 6 août 1870.

Février-mars 1887.

Imp. de la Soc. de Typ. - Noizette, 8, r. Campagne ¹⁰ᵉ, Paris.

163